ROMÂNIA – *ROMANIA*

Monumente UNESCO

UNESCO World Heritage

Fotografii / *Photos*
Florin Andreescu

Text / *Text*
Dana Ciolcă

Traducere engleză / *English translation*
Alistair Ian Blyth

tel: 021-212.35.67, 0722-527.876
e-mail: adlibri@adlibri.ro
www.adlibri.ro, www.florinandreescu.com
www.calator-pe-mapamond.ro

Coperta: Biserica de lemn din Budești-Josani, Maramureș
Pagina 3: Biserica fortificată din Valea Viilor
Cover: The wooden church of Budești-Josani, Maramureș
3rd Page: The fortified church, Valea Viilor

Descrierea CIP a Bibliotecii Naționale a României
România - Monumente UNESCO = Romania - UNESCO World Heritage /
fotografii = photos: Florin Andreescu; text = text: Dana Ciolcă;
trad. engleză = English translation: Alistair Ian Blyth
București : Ad Libri, 2024
ISBN 978-606-051-028-4
008
719

ROMÂNIA – *ROMANIA*

Patrimoniul Mondial UNESCO din România

UNESCO World Heritage in Romania

Bisericile din Moldova

În nicio regiune românească nu există atâtea biserici și mănăstiri ca în Moldova. Cele mai frumoase dintre ele, ridicate între secolele al XV-lea și al XVI-lea, în partea de nord a Moldovei, la Arbore, Humor, Moldovița, Probota, Pătrăuți, Sucevița, Suceava și Voroneț, majoritatea de Ștefan cel Mare (1438/1439-1504) și de fiul acestuia, Petru Rareș (1483-1546), au fost declarate, începând din 1993, patrimoniu UNESCO.

Construite în plan triconc, adaptate pentru îndeplinirea mai multor funcții, inclusiv pe aceea de necropolă domnească, bisericile din Moldova au fost decorate cu splendide picturi interioare și exterioare. Datorită măiestriei compoziției, figurilor însuflețite și eleganței culorilor, în perfectă armonie cu peisajul înconjurător, acestea sunt considerate astăzi apogeul artei medievale românești. Specialiștii sunt de părere că unele teme din programul iconografic se regăsesc doar aici, iar artiștii lor au fost formați la școli de pictură autohtone de mare valoare.

Judecata de Apoi / The Last Judgement

Biserica Sfântul Gheorghe a Mănăstirii Voroneț (1488) / *The Church of St George, Voroneț Monastery (1488)*

Churches of Moldavia

In no other Romanian region are there so many churches and monasteries as in northern Moldavia. The most beautiful of them, to be found in Arbore, Humor, Moldovița, Probota, Pătrăuți, Sucevița, Suceava and Voroneț, and founded in the fifteenth and sixteenth centuries, mostly by Stephen the Great (1438/9-1504) and his son, Petru Rareș (1483-1546), have been UNESCO World Heritage sites since 1993.

Built on a triconch plan, skilfully adapted to multiple functions, including that of princely tomb, the churches of Moldavia are adorned with spectacular interior and exterior frescoes. Thanks to the majesty of their composition, the vivid figures, and the elegant colours, which are in perfect harmony with the surrounding landscape, the frescoes are today regarded as the apogée of mediaeval Romanian art. Experts are of the opinion that some of the themes in the iconography of the frescoes are to be found only in Moldavia, and the artists were trained in an outstanding native school of mural painting.

Biserica Învierea Domnului a Mănăstirii Sucevița (1583-1586), cu *Scara Virtuților / The Church of the Resurrection, Sucevița Monastery (1583-6), with* Ladder of the Virtues

Biserica Buna Vestire a Mănăstirii Moldovița (1532), cu faimoasa frescă *Asediul Constantinopolului / The Church of the Annunciation (1532), Moldovița Monastery, with its famous mural of the* Siege of Constantinople

Biserica Sfântul Gheorghe a Mănăstirii Sfântul Ioan cel Nou (1514-1522) din Suceava / *The Church of St George, St John the New Monastery (1514-1522), Suceava*

< Biserica Mănăstirii Humor (1530) se deosebește de celelalte în stil moldovenesc prin frescele unitare cromatic, în care predomină nuanțe de roșu. / *The frescoes of the church of Humor Monastery (1530) are distinct from others in the Moldavian style thanks to their chromatic unity, in which shades of red predominate.*

Biserica Tăierea Capului Sfântului Ioan Botezătorul (1502) din satul Arbore / *The Church of the Decollation of St John the Baptist (1502) in the village of Arbore*

Biserica Sfântul Nicolae a Mănăstirii Probota (1530) / *The Church of St Nicholas, Probota Monastery (1530)*

< Biserica Înălțarea Sfintei Cruci (1487) a Mănăstirii Pătrăuți, ctitorită în 1487 de Ștefan cel Mare, păstrează în întregime pictura originală. / *The Church of the Elevation of the Holy Cross, Pătrăuți Monastery (1487), founded by Stephen the Great in 1487, has preserved its murals intact.*

Mănăstirea Hurezi

La trei kilometri de centrul de ceramică tradițională Horezu, într-o poiană înconjurată de dealuri împădurite, se află ansamblul Mănăstirii Hurezi (1690-1694), cel mai reprezentativ complex de arhitectură brâncovenească din țară.

Cea mai valoroasă ctitorie a domnitorului Constantin Brâncoveanu, biserica având hramul Sfinții Împărați Constantin și Elena a fost proiectată ca necropolă domnească. Detaliile sculpturale, compozițiile religioase și pictura, fidelă în linii mari tradiției muntenești, sunt deosebit de valoroase. Scena *Judecata de Apoi,* realizată într-o manieră inovativă, și galeria din pridvor, cu portretele Brâncovenilor și înaintașilor lor, Basarabii și Cantacuzinii, sunt de înaltă valoare artistică.

Mănăstirea Hurezi a fost un important centru de cultură. Avea un scriptoriu celebru, o școală de pregătire a copiștilor, diecilor și grămăticilor, precum și una de zugravi, la care s-au format meșteri care au decorat cu picturi unele dintre cele mai de seamă biserici din secolul al XVIII-lea.

Hurezi Monastery

In a glade surrounded by forested hills three kilometres from Horezu, a centre for traditional pottery, lies the Horezu Monastery complex (1690-4), Romania's most outstanding example of Brîncoveanu-period architecture.

The most magnificent of the monuments founded by Prince Constantine Brîncoveanu, the church, dedicated to Saints Constantine and Helen, was intended to serve as a royal tomb. The sculptural features and religious murals, faithful to the Wallachian tradition, are particularly spectacular. The scene of the Last Judgement, *painted in an innovative manner, and the colonnade of the porch, sheltering portraits of the Brîncoveanus and their forbears, the Bassarabs and Cantacuzinos, are of outstanding artistic value.*

Hurezi Monastery was a major cultural centre: it was home to a famous scriptorium, a school for training copyists and deacons, and a school for mural painters, which produced the masters who painted the frescoes of some of the most illustrious churches of the eighteenth century.

< Biserica fortificată din Biertan (1492-1516)
The fortified church of Biertan (1492-1516)

Satele cu biserici fortificate din Transilvania

Una dintre comorile Transilvaniei sunt așezările cu biserici fortificate, care conservă un peisaj cultural unic, păstrat din Evul Mediu. Centrul acestora sunt bisericile, care aveau deopotrivă rol religios și militar. Construite după năvălirea tătară din 1241-1242, de sașii stabiliți în această regiune de graniță începând din secolul al XII-lea, erau așezate, de obicei, în vârful unei coline și aveau aspectul unei cetățui, cu ziduri de incintă solide, care le permiteau să facă față unor atacuri prelungite. Deși astfel de biserici există și în alte țări din Europa de Vest, cele din Transilvania se individualizează prin sistemul defensiv de tip țărănesc și datorită densității. Biertan, Câlnic, Dârjiu, Prejmer, Saschiz, Valea Viilor și Viscri au fost declarate patrimoniu UNESCO.

Villages with Fortified Churches in Transylvania

One of the treasures of Transylvania, the region's fortified village churches preserve a unique cultural landscape that dates back to the Middle Ages. The churches were the heart of the villages and served both a religious and a military rôle. Built after the Tartar invasion of 1241-2 by the Saxons who began to settle that border region in the twelfth century, the churches were usually sited at the top of a hill and took the form of a fortress with thick walls that allowed them to resist prolonged siege. Although such churches also existed in other lands of Western Europe, those of Transylvania stand out thanks to their peasant defensive system and their density on the ground. Biertan, Cîlnic, Dîrjiu, Prejmer, Saschiz, Valea Viilor, and Viscri have been listed as UNESCO World Heritage Sites.

Biserica fortificată din Viscri (sec. XIII-XVII) / *The fortified church, Viscri (13th-17th century)*

Biserica fortificată din Câlnic (sec. XIII) este una dintre cele mai vechi cetăți din Transilvania. / *The fortified church of Cîlnic (13th century) is one of the oldest fortresses in Transylvania.*

Biserica fortificată din Prejmer (sec. XIII-XV), în stil gotic cistecian, adăpostește cel mai vechi triptic din Transilvania, realizat cândva între 1450 și 1460. / *The fortified church of Prejmer (13th-15th century), in the Cistercian Gothic style, houses the oldest triptych in Transylvania, painted between 1450 and 1460.* >

Biserica fortificată din Dârjiu (sec. XV-XVI) păstrează un ciclu de fresce extrem de valoroase care redau legenda Sfântului Ladislau. / *The fortified church of Dîrjiu (15th-16th century) preserves a priceless series of frescoes narrating the legend of St Ladislaw.*

Biserica fortificată din Valea Viilor (sec. XIII-XV) / *The fortified church of Valea Viilor (thirteenth-fifteenth centuries)*

Biserica fortificată din Saschiz (1493-1525) >
The fortified church of Saschiz (1493-1525)

1832

Cetăţile dacice din Munţii Orăştiei

În Munţii Orăştiei (Şureanu), din sud-vestul Transilvaniei, s-a aflat nucleul regatului dac, în secolul I d.Hr., când dacii, strămoşii românilor, reprezentau o putere în zona de la nord de Dunăre. Ridicate pe terase naturale sau artificiale, în vârf de dealuri, cu ziduri masive, de câţiva metri grosime, cetăţile dacice de la Sarmizegetusa Regia, Costeşti-Cetăţuie, Costeşti-Blidaru, Luncani-Piatra Roşie, Băniţa şi Căpâlna sunt dovezi ale unei civilizaţii viguroase şi înfloritoare din Epoca fierului, cunoscătoare a unor extraordinare tehnici în arhitectura militară şi religioasă.

Ascunsă în inima pădurilor, pe culmile Dealului Grădiştea, la 1 200 metri altitudine, capitala dacilor, Sarmizegetusa Regia, era centrul politic, economic şi militar al statului dac, dar şi unul dintre cele mai mari centre meşteşugăreşti din Europa acelor vremuri, datorită numeroaselor materii prime aflate în imediata apropiere. Amploarea şi monumentalitatea construcţiilor sacre de aici sunt dovezi ale profundului spirit religios al dacilor.

Capitala Daciei a atins apogeul sub regele Decebal (87-106), când se întindea pe 200 de hectare şi avea circa 4 000 de locuitori. După cucerirea romană, Sarmizegetusa a fost distrusă, capitala provinciei romane Dacia devenind Ulpia Traiana, întemeiată la circa 40 de kilometri de cea veche.

< Sarmizegetusa Regia, capitala statului dac / *Sarmizegetusa Regia, the capital of the Dacian state*

Costești-Cetățuie / *Costești-Cetățuie*

Dacian Fortresses of the Orăștiei Mountains

In the Orăștie (Șureanu) Mountains of southwest Transylvania lay the nucleus of the Dacian kingdom in the first century A.D., when the Dacians, the ancestors of the Romanians, were a force to be reckoned with north of the Danube. Built on natural or artificial terraces at the top of hills and consisting of walls that were many metres thick, the Dacian forts of Sarmizegetusa Regia, Costești-Cetățuie, Costești-Blidaru, Luncani-Piatra Roșie, Bănița, and Căpîlna are proof of a vigorous and flourishing civilisation of the Iron Age, which possessed knowledge of extraordinary techniques of military and religious architecture.

Hidden in the heart of the forest, atop Grădiștea Hill, 1,200 metres above sea level, Sarmizegetusa Regia, the capital of the Dacians, was the political, economic and military hub of the Dacian state, as well as one of the largest crafts centres in Europe at the time, thanks to the abundant raw materials available in the immediate vicinity. The sheer scale of the religious structures built here is proof of the Dacians' deep religious spirit.

The capital of Dacia reached its height under the reign of Decebal (87-106), when it seems to have covered an area of 200 hectares and had around 4,000 inhabitants. After the Roman conquest, Sarmizegetusa was destroyed and the capital of the Roman province of Dacia became Ulpia Trajana, founded around forty kilometres from the old site.

Sarmizegetusa Regia / *Sarmizegetusa Regia* >

Frontierele Imperiului Roman – Dacia
Frontiers of the Roman Empire – Dacia

Granițele Imperiului Roman din Dacia, cu o lungime de aproximativ 1 500 de kilometri, reprezintă cea mai lungă și mai complexă graniță terestră a unei foste provincii romane din Europa. Operaționale între anii 106 și 271 d.Hr., cuprind 277 de structuri defensive, de la castre legionare și auxiliare la cetăți, forturi, turnuri de supraveghere, valuri de pământ și palisade. / *The borders of Dacia, which stretched for around 930 miles, were the longest and most complex land frontier of any of the Roman Empire's European provinces. Operational from 106 to 271 A.D., they include 277 defensive structures, ranging from the castra of legionaries and auxiliaries to forts, watchtowers, vallums, and palisades.*

Sucidava (Corabia, județul Olt) /
Sucidava (Corabia, Olt county)

Porta Praetoria a castrului roman Porolissum /
Porta Praetoria, Porolissum

Peisajul cultural minier Roșia Montană / *Roșia Montană Mining Landscape*

Peisajul cultural minier Roșia Montană înglobează cea mai extinsă mină romană de aur și ilustrează vasta istorie a exploatării prețiosului metal în „Cadrilaterul Aurifer" din Munții Apuseni, din perioada romană până în secolul XXI. / *The Roșia Montană mining cultural landscape incorporates the most extensive remains of a Roman gold mine and illustrates the vast history of mining for gold ore in the 'auriferous quadrilateral' of the Apuseni Mountains from Roman times up to the twenty-first century.*

Ansamblul monumental Constantin Brâncuși de la Târgu Jiu / *Brancusi Monumental Ensemble of Tîrgu Jiu*

Ansamblul monumental „Calea Eroilor" din Târgu Jiu, realizat între anii 1937 și 1938, ca omagiu pentru eroii căzuți în luptele de pe Jiu, din Primul Război Mondial, este, dincolo de numeroasele interpretări – în cheie religioasă, simbolistică sau numerologică –, dovada aspirației lui Brâncuși spre echilibru și „nobila simplitate". / *Regardless of the countless religious, symbolistic, and numerological interpretations that have been applied to it, the 'Heroes' Way' sculpture park in Tîrgu Jiu, created in 1937-38 as a memorial to the soldiers who fell in battle in the Jiu Valley during the First World War, is a testament to Brancusi's aspiration towards equilibrium and 'noble simplicity.'*

Centrul Istoric al Sighișoarei

Situată în inima Transilvaniei, pe malul stâng al Târnavei Mari, Sighișoara este printre puținele cetăți locuite din lume.

Fondată de coloniștii sași, aduși de regele Ungariei Géza al II-lea la sfârșitul secolului al XII-lea, pentru a apăra granițele de est ale imperiului său, a fost fortificată în secolele al XIV-lea și al XV-lea, cu ziduri cu înălțimea de 4 până la 14 metri, 14 turnuri și 4 bastioane, apărate de bresle, care în anul 1376 erau nu mai puțin de 19. În perioada sa de glorie, secolele XV-XVII, orașul construit în trepte pe Dealul Cetății (425 m) se putea compara cu burgurile vest-europene.

Astăzi, bătrâna Sighișoară oferă ocazia vizitatorilor să admire cel mai reprezentativ sit urban medieval din Transilvania. Din redutabilul său sistem de fortificații se mai păstrează câteva fragmente de ziduri, 9 turnuri și 3 bastioane, dar structura medievală a orașului a rămas neschimbată: străzile principale (axa nord-sud – Strada Școlii și Strada Bastionului și cea est-vest, care lega cele două porți principale: Turnul cu Ceas și Turnul Croitorilor) intersectându-se în Piața Cetății.

Unul dintre simbolurile orașului este Turnul cu Ceas, construit în secolul al XIV-lea, al cărui coronament baroc este similar celui de la Catedrala Sfântul Vitus din Praga. Orologiul cu figurine măsoară timpul de circa patru secole.

Piața Hermann Oberth / *Hermann Oberth Square* >

RESTAURANT
BAR
TERASA

Historic Centre of Sighişoara

Situated at the heart of Transylvania, on the left bank of the Tîrnava Mare, Sighişoara is among the world's few inhabited citadels.

Founded by Saxon colonists brought by Géza II, King of Hungary, at the end of the twelfth century to guard the eastern frontiers of his realm, the town was fortified in the fourteenth and fifteenth centuries with walls from four to fourteen metres high, fourteen towers, and four bastions, each guarded by one of the town's guilds, of which there were no fewer than nineteen by 1376.

In its heyday, from the fifteen to the seventeenth centuries, the town, built in steps on top of Cetate Hill (425 metres), might be compared with the burgs of western Europe. Today, old Sighișoara provides visitors with the opportunity to see Transylvania's most outstanding urban site. Of its redoubtable system of fortifications there remain a number of sections of wall, nine towers, and three bastions, but the town's mediaeval layout has remained unchanged: the main streets that run from north to south—Strada Școlii and Strada Bastionului— and east to west, linking the two main gates: the Clock Tower and the Tailors' Tower), intersecting in Piața Cetății.

One of the town's symbols is the Clock Tower, built in the fourteenth century, whose baroque crown is similar to that of the Saint Vitus Cathedral in Prague. The horologe with painted figurines has been measuring time for four centuries.

< Turnul cu Ceas (secolul al XIV-lea)
The Clock Tower (14th century)

Biserica din Deal (sec XIV-XVI) / *The Church on the Hill*

Bisericile de lemn din Maramureș

Emblema Maramureșului sunt bisericile din lemn cu turle ascuțite care țintesc cerul.

Construite din bârne de stejar și brad, îmbinate perfect pe un soclu jos de piatră, au altar, naos și pronaos orientate pe o axă est-vest. La unele se adaugă pe latura de sud, ca la casele țărănești, un pridvor deschis. Elementul distinctiv al bisericilor maramureșene este însă turnul-clopotniță, de filiație gotică, care atinge 40-50 metri, conferindu-le grandoarea marilor catedrale vest-europene. Atât pereții, cât și bolțile sunt acoperite cu prețioase picturi murale de inspirație postbizantină și barocă și icoane pictate pe lemn sau pe sticlă.

Unice prin tehnica arhitecturală și armonia proporțiilor, dar și prin eleganța decorațiunilor sculptate și pictură, câteva dintre ele, din localitățile Ieud-Deal, Poienile Izei, Budești-Josani, Bârsana, Șurdești, Rogoz, Desești și Plopiș, au fost declarate monumente UNESCO.

Wooden Churches of Maramureş

The emblem of Maramureș is its wooden churches with their tapering spires that pierce the sky.

Built from perfectly joined oak and pine beams resting on a stone base, the churches have an altar, nave and narthex, and are oriented along an east-west axis. Like peasant houses, some have an open porch on the south side. A unique feature of Maramureș churches is the bell tower, Gothic in influence, which can reach heights of forty to fifty metres, lending them the grandeur of a west-European cathedral. Both the walls and the vaulted ceilings are covered with priceless murals of post-Byzantine and Baroque inspiration, and icons painted on wood or glass.

Unique in their architectural technique and the harmony of their proportions, as well as in the elegance of their carved and painted decorations, the wooden churches of Ieud-Deal, Poienile Izei, Budești-Josani, Bîrsana, Șurdești, Rogoz, Desești, and Plopiș have been listed as UNESCO World Heritage sites.

Biserica Sfinţii Arhangheli Mihail şi Gavril (1792) din Plopiş. Pictura a fost realizată de către Ştefan Zugravul din Şişeşti, care şi-a luat ca model pentru figurile sfinţilor şi îngerilor oameni din sat. / *The Church of the Archangels Michael and Gabriel (1792) in Plopiş. The murals were painted by Ştefan of Şişeşti, who used local villagers as models for the saints and angels.*

Biserica Sfânta Paraschiva (1770) din Deseşti. Pictura, de tradiție postbizantină, a fost realizată de cunoscutul zugrav Radu Munteanu. / *The Church of St Parascheva (1770) in Desești. The murals, in the post- Byzantine tradition, were made by famous painter Radu Munteanu.*

Biserica Naşterea Maicii Domnului (începutul secolului al XVII-lea) din Ieud Deal este una dintre cele mai vechi din Maramureş. / *The Church of the Nativity of the Mother of God (early 17th century) of Ieud-Deal is one of the oldest in Maramureş.* >

Biserica Sfinții Arhangheli Mihail și Gavril (1766) din Șurdești este supranumită, datorită structurii monumentale armonioase, precum și picturii interioare „Catedrala bisericilor de lemn". / *The Church of the Archangels Michael and Gabriel (1766), Șurdești, is known as the Cathedral of Wooden Churches, thanks to its harmonious, monumental structure and interior frescoes.*

Biserica de lemn din Bârsana (1720)
The wooden church, Bîrsana (1720)

Biserica de lemn din Budești-Josani (1643) >
The wooden church, Budești-Josani (1643)

< Biserica de lemn din Poienile Izei (1632)
The wooden church in Poienile Izei (1632)

Biserica Sfinții Arhangheli Mihail şi Gavril (1663) din Rogoz se remarcă atât prin structura sa complexă, dar şi prin cromatica luminoasă a picturii sale interioare. / *The Church of the Archangels Michael and Gabriel (1663), Rogoz, is remarkable for its complex structure and the luminous chromatics of its interior frescoes.*

Delta Dunării

De mai bine de 16 000 de ani, al doilea fluviu ca mărime din Europa, Dunărea, formează la vărsare o deltă cu suprafața de 3 446 km^2 (dintre care 2 540 km^2 în România), un păienjeniș de brațe, canale, lacuri, ghioluri, grinduri, întinderi nesfârșite de stufăriș și păduri subtropicale cu arbori seculari năpădiți de liane, cu dune de nisip și cai sălbatici. Toate acestea alcătuiesc un extraordinar muzeu al biodiversității.

Una dintre cele mai întinse rezervații de ținuturi umede și cea mai mare suprafață compactă de stuf din lume (1 750 km^2), Delta Dunării a fost înscrisă în lista Patrimoniului Mondial UNESCO.

Danube Delta

For more than sixteen thousand years, Europe's second largest river, the Danube, has formed a delta of 3,446 square kilometres (2,540 of which lie within Romania), a web of channels, lakes, sandbanks, endless expanses of reeds, subtropical forests, with centuries-old trees overrun with lianas, and sand dunes roamed by wild horses. The delta is a spectacular museum of biodiversity.

One of the world's largest wetland reserves and the largest surface area of reedbeds in the world (1,750 km^2), the Danube Delta is a UNESCO World Heritage site.

Pădurile seculare și virgine de fag din Carpați
The Virgin Beech Forests of the Carpathians

România încă mai are suprafețe relativ însemnate de păduri, printre care unele virgine, locuri unde arborii mor de bătrânețe, se usucă, se rup, cad, lemnul mort hrănind generațiile viitoare. Sunt păduri neafectate semnificativ de intervenția omului, în care natura se prezintă în forma sa pură. 24 000 hectare din pădurile virgine de fag din Carpații României, din opt zone distincte – Izvoarele Nerei, Cheile Nerei-Beușnița, Domogled-Valea Cernei, Cozia, Codrul secular Șinca, Groșii Țibleșului, Codrii seculari Strâmbu-Băiuț, Codrul secular Slătioara – au fost incluse în Patrimoniul Mondial UNESCO.

Romania still has relatively significant expanses of forest, some of it virgin, places where trees die of old age, wither, fall, their dead wood providing nourishment for future arboreal generations. Here can be found forests that have not been significantly affected by humans, and nature can be found in its pristine state. The 24,000 hectares of virgin beech forest in Romania's Carpathians are divided into eight separate zones – Izvoarele Nerei, Cheile Nerei- Beușnița, Domogled-Valea Cernei, Cozia, Șinca Ancient Forest, Groșii Țibleșului, Strîmbu-Băiuț Ancient Woods, Slătioara Ancient Wood – and have been designated as UNESCO World Heritage.

Ritualul Călușului / *The* Căluș *Ritual*

Călușul este cel mai vechi dans românesc, al cărui izvor este un dans popular dac sau un spectacol de teatru roman. Este practicat în sudul țării de Rusalii (Pogorârea Sfântului Duh), de cete de flăcăi, cu roluri bine definite. Odinioară, se credea că aduce rodnicia, alungă duhurile rele și are puteri tămăduitoare. / *The* Căluș *is a ritual practised in the south of the country in summer, at Whitsuntide (Pentecost). Bands of young men dance the* Călușar *– an ancient ritual with magical functions. In a state of euphoria, the participants dance until the point of physical exhaustion, to tunes played by fiddlers.*

Dansul feciorese / *The Dance of the Swains*

Demonstrație de forță, virtuozitate și dovadă a comunicării interculturale într-o regiune multietnică, așa cum este Transilvania, jocul feciorese este practicat de băieți și bărbați cu ocazia anumitor sărbători tradiționale. / *A demonstration of strength and virtuosity, and proof of intercultural communication in a multiethnic region such as Transylvania, the dance of the swains is performed by boys and young men, and marks certain traditional holidays.*

Doina / *The* Doina

Doina este o confesiune lirică solemnă a unor sentimente profunde, mistuitoare. Textul său poetic este îmbrăcat într-o formă sonoră liberă, bogat ornamentată, spontană, improvizată, alternând pasaje recitative cu elemente cantabile. Doina se interpretează sobru, solo sau cu acompaniament de fluier, flaut, caval cimpoi sau instrumente improvizate, precum frunza. / *The* doina *is the solemn lyrical confession of profound, overwhelming feelings. The poetic text takes a free acoustic form and is richly ornamented, spontaneous, improvised, alternating recitative passages with cantabile elements. It is sung either solo or accompanied by a whistle, flute, bagpipe, or improvised instrument such as a rolled leaf employed as a whistle.*

Colindatul de ceată bărbătească / *Men's group* Colindat, *Christmas Carolling Ritual*

Colindatul de ceată bărbătească este practicat în majoritatea satelor românești în noaptea de Crăciun de tineri necăsătoriți care merg din casă în casă interpretând colinde care venerează munca omului, atașamentul față de natură și dragostea. / *The bands of male carollers is practised in most Romanian villages on Christmas Eve by unmarried young men, who go from house to house singing traditional carols, which venerate man's labour, his union with nature and love.*

Ceramica de Horezu / *Craftsmanship of Horezu Ceramics*

Emblema ceramicii de Horezu este cocoșul, paznic solar, simbol al biruinței luminii asupra întunericului, dar și al învierii și al nemuririi sufletului. Ceramica de Horezu este smălțuită și arsă de două ori. / *The emblem of Horezu pottery is the cockerel, the guardian of the sun, a symbol of light's triumph over darkness, as well as of the resurrection and immortality of the soul. Horezu ceramics are enamelled and baked twice.*

Tehnicile tradiționale de realizare a scoarței / *Traditional Wall Rugs Craftsmanship*

Din materiale naturale, cu modele rafinate, în combinații unice de culori, scoarțele tradiționale erau elemente de decor indispensabile ale camerei „bune" din locuința tradițională, parte principală a zestrei fetelor, dar și piese importante în ritualul înmormântării. / *Using natural materials and refined patterns with unique colour combinations, traditional wall rugs were an indispensable decorative feature of the "good" room of the traditional dwelling, a principal part of a girl's dowry, and also an important item in burial rituals.*

Mărțișorul / *The Mărțișor – 1 March Tradition*

Mărțișorul, un șnur împletit din două fire, alb și roșu, cu ciucurei la capete, era considerat o amuletă, un simbol al speranței și înnoirii. În timp și-a pierdut funcția magică, dar și-a păstrat-o pe cea de liant al comunității. / *The* mărțișor, *a band woven of a red and a white thread with tassels at the ends, was regarded as a lucky charm, a symbol of hope and renewal. In time, the* mărțișor *has shed its magical function, but has been preserved as a bond of the community.*

Arta cămășii cu altiță / *The Art of the Embroidered Blouse*

Cămașa cu altiță este o piesă esențială a portului tradițional. Realizată din fibre naturale, este împodobită, folosindu-se diferite tehnici de cusut, cu modele complexe, cu valoare simbolică, care variază în funcție de regiune și de vârsta purtătorului. Arta cămășii cu altiță presupune multă muncă și migală, dar și creativitate, originalitate și rafinament. / *The embroidered blouse is a central item of traditional Romanian folk costume. Made using natural fibres, the blouse is embroidered using different types of stitch and features complex designs, which have symbolic meanings and vary from region to region and depending on the age of the wearer. The art of the embroidered blouse entails painstaking labour, but also creativity, originality, and refinement.*

Tradiția creșterii cailor lipițani / *Lipizzan Horse Breeding Tradition*

Creșterea cailor lipițani a început în România în secolul al XVIII-lea, cunoștințele și practicile legate de creșterea și antrenarea acestei rase, precum și practici culturale și sociale dezvoltate de comunitățile de crescători fiind transmise din generație în generație, în special pe cale orală. / *Lipizzan horse breeding was introduced to Romania in the eighteenth century. Knowledge and practices relating to breeding and training Lipizzan horses, as well as the cultural and social practices developed by breeding communities, have been passed down from generation, in the main orally.*

Transhumanța / *The Seasonal Transhumance*

Transhumanța, deplasarea sezonieră a turmelor de oi din vetrele satelor spre pajiștile aflate la mare distanță de acestea, este o practică milenară, care a modelat peisajul și comunitățile, creând o economie, meșteșuguri, obiceiuri și ritualuri specifice. / *The transhumance, the seasonal migration of the flocks of sheep from the villages to grazing land great distances away, is a millennial custom, which has shaped the landscape and communities, creating its own economy, crafts, customs, and rituals.*